SOCIÉTÉ

DES AMIS DE LA LIBERTÉ ET DE L'ÉGALITÉ.

Séante aux ci-devant Jacobins St.-Honoré, à Paris.

PIECES

REMISES

AU COMITÉ DE CORRESPONDANCE,

PAR LE CITOYEN DUCANGE,

PATRIOTE BATAVE.

POUR le comité de correspondance de la Société des amis de la liberté & de l'égalité, séante à Paris, aux Jacobins, suivant son arrêté du 6 février 1793.

Le 17 décembre 1792, le citoyen Ducange, au nom des Bataves, ses compatriotes, comparut aux trois comités réunis de la guerre, des finances & diploma-

A

tique, convoqués avec les six ministres. Il y détailla tous les avantages que la France retireroit de faire sur le champ la révolution de Hollande, où la terreur étoit répandue parmi les Stadhoudériens ; il laissa auxdits comités des notes relatives aux forces de terre & de mer qu'on auroit à combattre, & de celles qu'il conviendroit d'y employer. Le ministre Lebrun prit alors à tâche de combattre les raisons qui tendoient à effectuer la révolution de Hollande, en alléguant le risque d'une guerre avec l'Angleterre.

Dans différentes visites que le citoyen Ducange rendit au ministre Lebrun, le même langage lui fut toujours tenu par le même ministre, qui, de plus, lui témoigna que cet empressement à vouloir pousser la révolution de Hollande, soit auprès de la convention nationale, soit auprès des jacobins, ne feroit qu'y nuire, & qu'il valoit mieux s'en rapporter aux mesures qu'il prenoit lui-même ; ce à quoi le citoyen Ducange crut devoir se rendre, persuadé du civisme du ministre.

Le 8 janvier, les patriotes Bataves voyant cependant que l'affaire de leur pays ne sembloit point venir à l'ordre du jour, remirent à M. Lebrun un mémoire signé de neuf d'entr'eux, dont la teneur se trouve ci-joint, cotée A, tel qu'il a été lu hier 6, à la séance des jacobins. Le ministre Lebrun n'y fit aucune réponse. Enfin, la convention nationale ayant déclaré la guerre au roi Georges & aux Stadhouder, les patriotes Bataves ont fait, à la barre de la convention, leur démarche du 6 février, où ils ont lu l'adresse cotée B, laquelle a été lue, le même jour, par eux, aux jacobins.

Au nom de ses collègues Bataves,

D U C A N G E.

Paris, ce 7 février 1793, l'an II de la liberté & de l'égalité.

(A)

MÉMOIRE

REMIS par les patriotes Bataves, au ministre des affaires étrangères, le 8 janvier 1793, l'an deuxième de la république françoise.

CITOYEN MINISTRE,

VOUS êtes instruit, ainsi que nous, que le ministère britannique a fait partir, le 21 du mois dernier, plusieurs frégates & quelques bâtimens de transport, pour se rendre dans le port de Flessingue, où cette escadre est déjà arrivée; que de plus ce ministère a prévenu le Lord Auckland, à la Haye, que le manifeste, par lequel l'Angleterre déclarera la guerre à la France, est prêt, & qu'enfin il a fait demander au gouvernement hollandois, communication des signaux usités pour l'attérage du Cap de Bonne-Espérance. Déjà même, les pilotes de nos côtes ont reçu les ordres relatifs au service des vaisseaux anglois, qui signaleront pavillon hollandois. Cette conduite du gouvernement britannique, est un trait de leur politique, qui exige, sans doute, pour l'honneur & la sûreté de la France, des mesures réciproques.

Dans cette crise, les patriotes Bataves vous rappellent, citoyens, les promesses faites depuis si long - temps à la Hollande, promesses dont l'exécution se trouve aujourd'hui amenée, forcée peut-être par les événemens.

Citoyen ministre, tout doute, tout retard ultérieur amène votre perte & la nôtre. La Hollande, unie à

(4)

l'Angleterre contre la France , détruit tout l'édifice de la liberté de cette dernière. La Hollande unie à la France par une heureuse révolution, en affermit à jamais les bases.

De la révolution batave dépend , pour l'avenir , & peut-être pour le présent , l'abondance, ou la privation pour la France, des grains, des subsistances (source féconde de craintes & d'agitations) , des chanvres & des bois de construction , de tous les objets nécessaires à la marine , & du numéraire lui-même.

Vous avez cru , citoyen ministre , à la neutralité angloise ; il n'est plus permis de douter que le gouvernement britannique n'ait voulu marquer ses mesures que jusqu'au moment où il seroit à même de les exécuter : il sait trop (& l'Europe entière le sait avec lui) que les provinces unies, courbées sous le joug Anglo-Prussien, suffirent seules pour faire pancher la balance du côté des ennemis de la France.

Il est temps , citoyen ministre , que la nation françoise prenne un parti digne d'elle. Les Bataves sont prêts ; ils vous attendent. Faites un pas vers eux, dans quelques mois, peut-être , il sera trop tard.

Nous répétons que l'intérêt direct de la France s'y trouve. Si vous ne faites pas la révolution de Hollande , bientôt tous vos moyens de subsistances vous seront enlevés, & l'on menera la France à la famine, à l'anarchie, à la contre-révolution.

Il est superflu , citoyen , de nous appesantir sur les preuves & sur les suites.

Nous sommes prêts à fournir au conseil exécutif , aux comités , aux généraux , tous les plans, éclaircissemens & instructions locales , qui feront réussir cette indispensable expédition, & nous leur prouverons que des forces navales redoutables, prêtes au mois de juin, pour ou *contre* vous , vous ouvriront ou vous fermeront les marchés importans de la Baltique.

Nous vous demandons , citoyen ministre , de porter

l'objet de ce mém ire à la férieufe délibération du confeil exécntif. I e temps des vains ménagemens eft paffé. Le miniftère anglois ne fera que vous tromper de plus en plus. L'intérêt de la patrie parle impérieufement : il nous dit de paffer nous-mêmes au-deffus de toute confidération contraire au falut réuni des françois & des bataves.

. Le bonheur des deux nations dépend aujourd'hui de cette décifion ; puiffe-t-elle fixer votre gloire !

(B)

ADRESSE

DES patriotes Bataves, lue à la barre de la Convention nationale, le 6 février 1793, l'an deuxième de la liberté & de l'égalié.

LÉGISLATEURS,

LES patriotes *Bataves* peuvent donc enfin efpérer de voir bientôt la liberté, depuis fi long-temps opprimée, revivre dans leur patrie. Le décret, digne de vous, rendu dans la mémorable féance du premier février, va décider à jamais du fort de l'*Europe*. C'eft un combat à mort contre tous les defpotes ; il fixera votre place au premier rang des bienfaiteurs de l'humanité. Repréfentans du peuple, nous venons, au nom de nos concitoyens, applaudir, adhérer & concourir avec vous à la grande mefure qu'une fublime énergie vous a dictée. Non, vous ne vous trompez pas en féparant la caufe des peuples d'avec celle des tyrans qui les oppriment. Votre décret a déclaré la guerre au *Stadhouder*, c'eft-à-dire, à celui qui, de tout temps, s'est montré contraire aux intérêts de la nation *françoise*; qui, dans la guerre de l'*Amérique*, a mis en jeu toutes les intrigues pour faire échouer les vues généreuses de la *France*; qui a rendu inutile l'alliance conclue entre elle & notre république, enfin qui n'a épargné aucun moyen de montrer sa haine contre les *françois*, depuis le moment où ils ont recouvré leur liberté. C'est avec justice que votre décret établit cette distinction entre Guillaume de Nassau, ses adhérens, & la saine partie de la nation *batave*, amie de la liberté & de l'égalité, parmi laquelle nous faisons gloire de nous compter. Cette distinction équitable fait l'essence même de votre décret; elle est pour nous le gage, non seulement de notre confiance, mais aussi de toute notre gratitude.

Législateurs, depuis cinq ans nous soupirions après cette heureux moment; repoussés depuis si long-temps par tous les genres d'aristocratie, l'heure est enfin venue, où nous pouvons marcher sur vos traces; où nous pouvons espérer qu'aucune intrigue de nos ennemis ne pourra désormais prévaloir contre la volonté nationale. Encore quelques jours, & le soleil luira sur un peuple libre de plus; encore quelques semaines, & les bouches du Rhin seront libres comme les bouches du Rhône.

Citoyens représentans, le despotisme est abattu en *France*; dans les autres contrées sa chûte se prépare, s'accélère également; les peuples indignés s'élèvent de toutes parts contre ces dominateurs insolens, qui avoient su se partager la terre. C'est à vous, c'est à la France qu'étoit dû le grand exemple qui affranchit les hommes.

Parlerions-nous, législateurs, des avantages que la délivrance de notre patrie, rendue à son indépendance nationale, va procurer à votre cause, je me trompe, à la cause générale des peuples? Nos flottes, notre numéraire, nos magasins, nos soldats, nos matelots: voilà, voilà de quoi assurer par la suite vos succès;

voilà de quoi porter le défespoir au fein de ce miniftère britannique, odieux, infultant, qui vous joue & nous affervit depuis tant d'années, mais qui doit frémir aujourd'hui aux approches de fa chûte inévitable.

Parlerons - nous de nos principes ? non, citoyens repréfentans, il ne peut plus exifter de divifion, de féparation à cet égard ; la liberté, l'égalité, voilà les divinités que la raifon offre aux humains. Ce font les vôtres, ce font les nôtres, ce feront bientôt celles du monde entier.

Citoyens repréfentans, fi quelques nuances ont parû divifer les patriotes de notre pays ; fi quelque diverfité de fentimés a pu être apperçue parmi eux, tout eft évanoui, tous ces nuages font diffipés. La grande mefure que vous avez décrétée ; l'intérêt commun & facré de la patrie ; les vaftes lumieres qui, depuis le glorieux événement du 10 août, éclaire la face de l'Europe, ont réuni parmi nous tous les efprits ; il n'eft plus qu'un feul objet, qu'un feul fentiment, qu'un feul cri : c'eft la chûte du *defpotifme*, c'eft le triomphe de la *fainte égalité*. Nous profeffons tous ici, avec vous, que le bonheur des hommes tient à ce principe irréfragable : que tout doit difparoître devant cette éternelle vérité. Nous rejettons de notre fein, nous prononçons anathême contre tout ce qui pourroit déformais s'en écarter ; & les *Bataves* régénérés, fe glorifiant de defcendre des gueux du feizième fiècle, fe montreront dignes de marcher fous la bannière des droits de l'homme, avec les fans-culottes de *Walmi* & de *Jemmape*.

Légiflateurs, il eft des renfeignemens de la plus haute importance, utiles au fuccès de la jufte guerre que vous avez déclarée ; la prudence ne nous permet pas de les dévoiler publiquement ; nous demandons à les communiquer à vos comités.

Signé LES PATRIOTES BATAVES.

Séance du 6 février.

LE citoyen Julien, député de Toulouse, président,
a répondu à la députation hollandoise :

GÉNÉREUX BATAVES,

« Nous applaudissons avec transport aux sentimens
« que vous venez d'exprimer, & nous les partageons
» tous ; aucun n'est étranger à nos cœurs. Comme vous,
» nous chérissons la liberté & les hommes : nos bras
» sont armés pour assurer la conquête de la première,
» & pour en faire goûter les fruits à tous les peuples ;
» & unis à ceux-ci par les liens d'une douce philantropie,
» nous serons toujours prêts à verser notre sang & nos
» trésors, pour les aider à briser leurs fers & à ren-
» verser cette idole fantastique des grandeurs, qu'eux
» & nous avons trop long-temps encensée.
» Vous voulez être libres, vous le serez ; vos vœux
» seront bientôt remplis : la conquête de la Hollande
« n'est pas aussi éloigné que la ligue des despotes
» mutinés pourroit le penser ; l'heure de l'affran-
» chissement des nations a sonné sur l'Europe, &
» les tyrans en ont frémi. Bientôt nos armées victo-
» rieuses iront, en dépit des flots suspendus sur leurs
» têtes, planter, sur les digues de la Hollande, le
» drapeau tricolore ; bientôt le Stadhouder, épouvanté
» à l'aspect de nos légions guerrières, fuira dans le
» fond des marais de la Zélande, & là il offrira à ses
» pareils le méprisable spectacle, & du sort qui les attend,
« & d'un oppresseur des peuples renversé de son piédestal,
» & tombé dans la boue.
» Hâtons, par nos vœux & par nos efforts communs,

» la chûte des tyrans & la régénération de l'espèce hu-
» maine trop long-temps avilie : préparez, par des
« écrits lumineux, l'opinion publique en Hollande ; dis-
» posez les patriotes bataves à recevoir fraternellement
» nos généreux défenseurs armés pour la plus belle des
» causes : qu'une tendre hospitalité soit la récompense
» de tant de sacrifices qu'elle nécessite, & , qu'unis
» par un intérêt commun , ils partagent les mêmes
» périls & la même gloire.

» Les offres généreuses que vous nous faites, nous
» pénêtrent d'une juste reconnoissance. Ce n'est ni la
» soif de l'or , ni celle des conquêtes, qui nous font
» voler en Hollande, mais le plaisir plus pur de pro-
» pager l'évangile des nations, les principes d'union
» & de fraternité qui bientôt ne feront de tous les
» peuples qu'une même famille : c'est moins, nous
» vous le répétons , l'or des Bataves que nous ambi-
» tionnons, que l'avantage inappréciable de répandre
» sur un peuple esclave, foulé, depuis Philippe II , sous
» les pas d'un insolent Stadhouder , les bienfaits de la
» philosophie & de la liberté, bienfaits sans lesquels les
» richesses même ne sont que des calamités publiques.
» Jurez comme nous , & avec nous, une haîne éter-
» nelle aux tyrans , & vous serez dignes de la liberté
» que nous avons conquise ».

DISCOURS

D'OSWALD,

ANGLO-FRANC.

RÉPUBLICAINS,

JE vais vous entretenir, pour quelques momens, sur une affaire importante, c'est-à-dire, les moyens de faire la guerre au despote de l'Angleterre. Mais, auparavant de parler de démarches propres à suivre dans cette guerre, il est nécessaire de constater la disposition d'esprit du peuple anglois, & les circonstances dans lesquelles se trouve aujourd'hui la cour de Londres.

Les journaux anglois (qui sont tous payés à-peu-près comme les journaux de Paris) vous disent que le peuple britannique déteste la révolution françoise; qu'il regarde avec horreur l'acte de justice exercé sur la tête coupable de Louis le dernier, & enfin qu'il a résolu de venger sa mort.

Cette étrange histoire est répétée, avec beaucoup d'exagération, par le Patriote françois, le Courier des départemens & leurs confrères.

Je ne sais pas, je vous l'avoue, lequel il faut admirer le plus, ou l'impudeur de ceux qui débitent cette histoire, ou la crédulité monstrueuse de ceux qui la croient. Quoi! une nation change-t-elle, tout d'un coup, son caractère! Quoi! le peuple anglois, imbu depuis l'âge le plus tendre, d'une haîne indomptable pour le *grand monarque*, par quel charme magique eſt-il devenu ſubitement le fauteur du deſpote & le vengeur de ſa mort! Dans toutes les guerres antécédentes entre la France & l'Angleterre, c'étoit toujours la haîne du deſpotiſme qui faiſoit agir les Anglois ſans-culottes. Le grand monarque vous prépare des chaînes, diſoit-on au peuple; le deſpote de la France lance contre vous ſes *batteaux plats*; il aſſemble, pour vous envahir, ſes hordes d'eſclaves; &, tout de ſuite, le peuple anglois couroit à ſes flottes & verſoit ſon ſang avec une généroſité vraiment ſans-culotte, pour venger des atteintes portées à ce qu'il croit ſa liberté, tandis qu'il n'étoit, hélas! pour la plupart, que l'aveugle inſtrument pour aſſouvir l'ambition de quelque miniſtre avide, ou pour ſervir le mépriſable trafic de quelques vils accapareurs.

Mais, aujourd'hui, tout d'un coup, la ſcène change; & au lieu d'un peuple ennemi juré de tyrans, on nous repréſente les Anglois tout prêts à verſer leur ſang ſur le cadavre de Louis Capet, comme ces vils gladiateurs romains qui ſe diſputoient l'honneur de s'immoler ſur le tombeau de leurs maîtres. Les ſans-culottes anglois, à ce qu'on nous dit, brûlent de combattre, non pas contre le grand monarque pour avoir attenté à leur liberté, mais contre les ſans-culottes françois, leurs frères, pour avoir renverſé ſon trône & tranché ſa tête coupable! Celui qui peut digérer une telle abſurdité, peut croire auſſi que la Tamiſe remonte à ſa ſource, & que le dôme de Saint-Paul ſe balance dans l'air, comme le tombeau de Mahomet.

Mais encore, ſi la cour de Londres eſt parvenue, comme on vous le dit, à faire participer au peuple ſes fureurs royales, pourquoi fortifie-t-on la tour de Londres? pourquoi renforce-t-on la garde de la banque? eſt-ce que la cour craint que les émiſſaires du club des jacobins viennent, pendant la nuit, les ſurprendre par un coup de main? Une telle entrepriſe fera trop ridicule, furtout fi le peuple eft du côté de la cour. Craint-on donc quelque faction dans la chambre haute ? tous les nobles font proſternés aux pieds du monarque. Craint-on la chambre des communes ? tous les honorables membres font dévoués au ſyſtéme d'abus qui les engraiſſe : enfin les nobles, les riches, les prêtres, les accapareurs font tous du côté de la cour. Quel eſt donc l'objet de leurs frayeurs ? La réponſe eſt facile : c'eſt le peuple, c'eſt les ſans-culottes qui, bien loin de partager les fureurs royales de la cour, n'attendent que le moment favorable pour ſecouer le joug qui les opprime.

Mais, non - ſeulement le peuple anglois déteſte la guerre que la cour de Londres a ſuſcitée ; les ariſtocrates même la craignent & l'abhorrent. Pour s'en convaincre, on n'a qu'à lire les journaux anglois, & ſurtout le *Morning-Chronicle*, qui, tout en briſſotant contre la dernière époque de la révolution françoiſe, ne laiſſe cependant de réclamer, avec force, contre la guerre qu'il regarde comme un moyen ſûr d'inoculer, chez le peuple anglois, la rage des françois régicides.

Pourquoi donc, me dira-t-on, les journaux de Paris, qui ont de bonnes relations avec l'Angleterre, nous diſent-ils que la nation angloiſe conſpire unanimement, avec la cour de Londres, contre le peuple françois ? Je vais vous en expliquer les motifs. Les intrigans, comme vous le ſavez, vouloient, à tout prix, ſe ménager Louis Capet, parce que, dans le jeu d'intrigue, un roi eſt une carte dont on peut toujours tirer grand profit. Par le moyen d'un roi on fait & on défait les miniſtres, les généraux ; par le moyen d'un roi, auſſi, on peut tourner de quel côté qu'on voudra, & tranſiger toujours avec avantage. Afin qu'on ne diſe pas que je calomnie ces meſſieurs, je vais vous citer le naïf aveu de l'aimable Gorſas ; le voici :

« Quand le ſupplice de Louis n'occaſionneroit que la mort d'un homme de plus, ce motif n'étoit-il pas ſuffiſant pour le garder en ôtage. Que feront les tyrans de l'Europe, ſi malheureuſement ils viennent à bout de leurs

deſſeins ? à quel prix obtiendrons-nous la paix ? à quelle condition ? hélas ! à la condition de recevoir les loix de la tyrannie, ſans même avoir le choix du tyran ? ».
—— *Courier des départemens, ſamedi fevrier 2.*

Vous voyez donc que, ſi on ne peut plus compoſer avec les principes ; que ſi on ne peut plus tranſiger avec les deſpotes de Pruſſe, d'Autriche & de Londres, ce n'eſt pas la faute de Gorſas & ſes honnêtes collègues.

Mais, pour revenir à mon objet, ces meſſieurs ont cru ſauver Louis Capet, en faiſant peur par les récits exagérés de préparatifs de guerre, faits par les puiſſances coaliſées pour venger la mort du tyran. L'Angleterre ſurtout devroit jouer un grand rôle dans la conſpiration royale. Les intrigans avoient encore un autre but, en étalant avec oſtentation les préparatifs hoſtiles de la cour de Londres : ils eſpéroient, par la crainte d'une guerre ſanglante avec l'Angleterre, forcer l'aſſemblée nationale d'accepter, comme l'alternative, une alliance avec le gouvernement britannique. Cette conſpiration infâme, qui riveroit pour jamais les chaînes de la nation angloiſe, & arrêteroit en même-temps, chez le peuple francois, le progrès de l'eſprit public, ſe tramoit entre Briſſot, d'un côté, & Fox de l'autre. Fox, jongleur célèbre dans la chambre des communes, eſpéroit alors de culbuter le miniſtre Pitt, & de partager avec la horde des biribiſtes qui l'entourent, & la canaille litréraire à ſa ſuite, les dépouilles du peuple, & le ſang exprimé de ſa miſère. J'ai dévoilé cette intrigue, il y a quatre mois, à pluſieurs députés de l'aſſemblée nationale : un membre s'eſt chargé de la dénoncer dans la convention, & de mettre en mouvement d'autres meſures qui auroient déjà peut-être opéré la révolution d'Angleterre. J'avois la douleur de voir ce député tomber dans les filets de la faction Briſſot ; & non-ſeulement il n'a pas dénoncé le fait dont il s'agit, mais encore il s'eſt oppoſé depuis, avec toute ſa force, à ce qu'on le dénonçât.

Cependant, la révolution marche avec une force impulſive que rien ne peut arrêter. La tête de Louis Capet ne remontera plus ſur ſes épaules, & la guerre (malgré toutes les ſourdes menées d'intrigans) la guerre va briſer tous les reſſorts de leurs projets perfides. La mort de Capet a conſterné les ariſtocrates anglois : un mi-lord., qui s'appèle Landſdow s'eſt plaint amèrement, dans le parlement, de ce que le miniſtère anglois n'avoit pas aſſez dépenſé d'argent pour ſauver le roi ; avec quelques milliards de plus, dit-il, diſtribués à propos, on auroit ſauvé l'infortuné monarque. Vous voyez donc combien il importe à la ſûreté de la république de dé-truire une cour corruptrice & voiſine, qui envoie des milliards pour corrompre vos légiſlateurs & vos miniſtres.

Il paroît cependant que, malgré la ruine de leurs projets, les intrigans anglois ſont très - contens des ſervices rendus par leurs frères de métier en France. On a beaucoup vanté les talens de Briſſot dans la chambre des communes : les milords auſſi, dans la chambre haute, s'extaſient ſur les talens de Briſſot. Briſſot, de ſon côté, élève au ciel les talens & l'élo-quence des milords anglois ; & cette douce réciprocité d'adulation entre les milords anglois & le milord Briſſot, va parfumer tous les journaux, & même encenſer les pages de l'hiſtoire.

Je viens maintenant aux moyens de faire la guerre au deſpote de Londres. On vous a propoſé de lui faire la guerre dans l'Amérique, aux grandes Indes, en Ir-lande, en Ecoſſe. Or, il n'y a pas le ſens commun dans tout cela : le deſpote, qu'il faut renverſer, n'eſt ni en Ecoſſe, ni en Irlande, ni dans l'Amérique, ni aux grandes Indes ; pour le frapper, vous n'avez qu'à allonger un peu le bras, il eſt, pour ainſi - dire, à quatre pas de vous ; il eſt à Londres. C'eſt à Londres qu'il faut l'at-taquer ; c'eſt à Londres, au milieu d'une population immenſe, opprimée, malheureuſe, agitée, qu'il ſera très-facile de renverſer le tyran. Je vous propoſe, pour opérer cette heureuſe révolution, les meſures ſuivantes :

1º De compoſer votre conſeil exécutif de vrais ſans-

culottes, d'hommes à caractere, & surtout d'en chasser
tous les amis des milords;

2°. De faire une invitation à tous les officiers & matelots anglois, & d'offrir une gratification convenable
à tous ceux d'entr'eux qui voudroient servir la cause
de la liberté & de l'égalité;

3°. De mûrir & d'organiser, le plutôt possibe, l'insurrection à Londres, ce qui est très-facile, comme je
l'ai déjà dit, a un ministère vraiement révolutionnaire;

4°. D'accompagner cette insurrection d'une descente
amicale de soixante mille sans-culottes qui marcheront
tout droit à Londres, pour aider leurs frères les sans-
culottes anglois, à achever la révolution de la Grande-
Bretagne.

Par ces moyens, la révolution angloise s'accomplira
d'ici en trois mois au plus tard : Georges le sanguinaire
subira bientôt le sort de Louis le traître, & bientôt le bras
robuste de la révolution traînera à la lanterne inévitable les mangeurs d'hommes, les oppresseurs du peuple.
Alors, la France & l'Angleterre ne formeront qu'une
seule république, & le peuple Anglo-franc perdra tout
esprit de corps & toute distinction locale dans le titre
sublime de PEUPLE LIBRE-FRÈRE.

EXTRAIT DU PROCES-VERBAL.

*La Société, dans sa séance du 4 février 1793, l'an
deuxième de la république françoise, a arrêté l'impression
des pièces ci-jointes, & leur envoi aux sociétés avec
qui elle fraternise.*

MAURE, l'aîné, député, *président.*

F. DESFIEUX, *vice-président.*

JULIEN, DROUFT, députés; MITTIÉ. fils; AUVREST.
LASLIN, JAMES, *secrétaires.*

De l'Imprimerie de L. POTIER DE LILLE, rue Favar, N° 5

www.ingramcontent.com/pod-product-compliance
Lightning Source LLC
LaVergne TN
LVHW010807180726
843502LV00011B/4400